PAIDEIA
ÉDUCATION

MIXTE
Papier issu de sources responsables
Paper from responsible sources
FSC® C105338

EURIPIDE

Médée

Analyse littéraire

© Paideia éducation.

22 rue Gabrielle Josserand - 93500 Pantin.

ISBN 978-2-75930-066-2

Dépôt légal : Septembre 2023

Impression Books on Demand GmbH

In de Tarpen 42

22848 Norderstedt, Allemagne

SOMMAIRE

- Biographie de Euripide 9

- Présentation de *Médée* 13

- Résumé de la pièce 17

- Les raisons du succès 27

- Les thèmes principaux 31

- Étude du mouvement littéraire 35

- Dans la même collection 39

BIOGRAPHIE DE EURIPIDE

Euripide est né à Salamine en 484 av. J.-C. Ce que l'on connaît de lui, on le doit surtout aux commentaires de ceux qui le critiquaient, qui ne sont donc pas fiables parce que souvent exagérés. Ainsi, selon les auteurs comiques qui tournaient en dérision Euripide, son père était cabaretier et sa mère marchande de légumes.

On suppose qu'il a eu une éducation soignée et qu'il a fréquenté les premiers sophistes, puis les grands philosophes de son époque comme Socrate.

Contrairement à son rival Sophocle, il ne prend aucune part à la vie politique de son époque, pourtant troublée par la fondation de la ligue de Délos puis la guerre du Péloponnèse. Il finit d'ailleurs par quitter Athènes pour se rendre en Macédoine, à la cour du tyran Archélaos.

On dit aussi qu'il a contracté deux mariages malheureux qui ont ensuite influencé ses tragédies en les rendant pessimistes, parfois misogynes.

Les œuvres d'Euripide ont été mieux conservées que celles de son rival Sophocle, qui en avait pourtant écrit davantage et qui connaissait à l'époque un plus grand succès. D'Euripide, dix-neuf pièces nous sont connues, parmi lesquelles *Andromaque* (425), *Les Troyennes* (415), *Iphigénie en Tauride* (413), *Iphigénie à Aulis* (406), *Électre* (417 ou 415), *Oreste* (408), *Médée* (431), *Hippolyte* (428). Les sujets de ces pièces sont empruntés à divers moments de l'histoire grecque ou aux légendes de la Grèce : la guerre de Troie et la légende des Argonautes, par exemple.

Euripide meurt à Pella, en Macédoine, en 406 av. J.-C., toujours à la cour du roi Archélaos.

PRÉSENTATION DE MÉDÉE

La pièce se déroule à Corinthe, où Médée et Jason ont été accueillis par le roi Créon. Médée a aidé Jason et les Argonautes à s'emparer de la Toison d'or. Elle a accepté, par amour pour Jason, de tromper son père, et elle est allée jusqu'à tuer son frère qui les poursuivait lors de leur fuite. Jason a promis à Médée de l'épouser. Elle a suivi Jason à Corinthe.

Une fois sur place, cependant, l'infidèle Jason tombe amoureux de la fille de Créon, le roi de Corinthe, et s'éloigne de Médée. C'est lorsqu'elle se voit abandonnée par celui auquel elle a tout sacrifié que Médée voit son amour se transformer en haine jalouse. Le roi Créon ordonne que Médée soit bannie, ce qui la contraint en outre à réaliser sa vengeance rapidement.

La pièce est donc le récit de l'abandon de Médée par Jason et de la vengeance qui en découle. Cette vengeance de Médée, la magicienne, doit non seulement toucher Créon et sa fille, mais aussi atteindre Jason plus directement encore. Médée décide pour cela de tuer ses enfants, et son cœur est déchiré entre la jalousie, le désir de vengeance et son rôle de mère. C'est dans ce déchirement que se trouve le point culminant de la pièce, renforcé par le pathétique de la mort des enfants.

RÉSUMÉ DE LA PIÈCE

Prologue

La nourrice regrette que les Argonautes soient venus chercher la Toison d'or en Colchide, parce que cela a permis la rencontre de Médée et Jason. Maintenant que Médée est en Corinthe, Jason lui préfère la fille du roi qui les a accueillis : « Jason trahit ses enfants et ma maîtresse pour une couche royale : il épouse la fille de Créon, le maître de ce pays. » La nourrice décrit ensuite la douleur que ressent Médée et ses regrets de la terre paternelle maintenant qu'elle est abandonnée par Jason : « Elle a compris, l'infortunée, à l'école du malheur, le bonheur de ne pas être loin du sol paternel. » Elle craint que Médée ne se tue ou ne tue Jason et la princesse qu'il a épousée.

À cet instant, les enfants de Médée entrent accompagnés de leur gouverneur. Celui-ci annonce à la nourrice que Créon a ordonné que les enfants soient chassés de Corinthe avec leur mère, ce qui constituerait un nouveau malheur pour Médée. Les deux domestiques reprochent à Jason son manque d'affection pour ses enfants : « Ce père n'a plus d'affection pour ses enfants à cause de son nouveau mariage. » La nourrice ordonne au gouverneur de ne pas laisser approcher les enfants de leur mère parce qu'elle est trop en colère : « Il est clair que la nuée de sanglots qui commence à s'élever s'enflammera bientôt en un orage de fureur. » On entend en même temps les lamentations de Médée, qui souhaite la mort de ses enfants : « Ô enfants maudits d'une mère odieuse, puissiez-vous périr avec votre père et toute notre maison aller à sa ruine ! »

Le chœur aussi se lamente sur la douleur de Médée, qui souhaite la mort de Jason et de la princesse tout en regrettant les crimes qu'elle a commis pour cet infidèle. Le chœur reconnaît la traîtrise de Jason : « Elle pousse des cris aigus, lamentables, contre son mauvais époux, traître au lit conjugal. » Médée entre en scène.

Premier épisode

Médée est sortie de sa demeure, depuis laquelle elle se lamentait tout à l'heure. Elle annonce aux femmes du chœur son envie de mourir, à cause de Jason : « Celui qui était tout pour moi est devenu, je le sais bien, le pire des hommes, lui, mon époux ! » Médée entreprend une réflexion sur le mariage qui représente une prise de risque pour les femmes : elles doivent bien choisir leur époux car ensuite, elles ne pourront pas le répudier. Elles doivent lui rester fidèles tandis que leur mari peut aller se divertir hors du mariage s'il en a envie. Le chœur promet d'aider Médée dans son projet de vengeance.

À ce moment-là, Créon arrive pour faire part à Médée de ce qu'il a décidé la concernant. Il lui annonce qu'elle doit s'exiler avec ses enfants. Il l'exile parce qu'il a peur d'elle, peur qu'elle s'en prenne à sa fille : « Et j'ai de multiples raisons de le craindre : tu es naturellement ingénieuse, experte en maints maléfices, et tu souffres de voir ta couche abandonnée par ton époux. » Médée se plaint de sa réputation : « Ma science me rend odieuse pour les uns, inquiétante pour les autres ; et pourtant, je ne suis pas si savante ! Créon refuse de l'écouter, il se méfie trop d'elle et lui ordonne de partir. Médée supplie alors Créon de lui laisser un jour de délai, pour pouvoir réfléchir au lieu où elle va s'exiler avec ses enfants. Créon cède, tout en sentant qu'il commet une erreur : « Je n'ai pas l'âme d'un tyran, et ma pitié m'a déjà coûté cher ! Aujourd'hui encore, femme, je vois bien que je commets une erreur ; je t'accorde pourtant cette grâce. » Le chœur déplore le sort de Médée qui n'a nulle part où aller, mais Médée lui demande de ne pas s'inquiéter autant car elle aura désormais le temps de se venger. Elle passe ensuite en revue les moyens à sa disposition pour tuer tout le monde, après s'être moquée de l'erreur que vient de commettre Créon en lui accordant ce délai. Elle opte finalement pour le poison et se demande ensuite où elle pourra fuir. Sa décision est bien prise : « Allons, Médée, n'épargne pas ta science, établi tes plans, ourdis tes ruses, va jusqu'à l'horreur : c'est le moment de mettre ton courage à l'épreuve. » Entrée de Jason.

Deuxième épisode

Jason vient reprocher à Médée d'avoir ouvertement critiqué le roi et sa fille et lui dit qu'elle devrait être contente de n'être condamnée qu'à l'exil. Il prétend qu'il a cherché à intervenir pour elle auprès du roi : « Moi, j'ai toujours essayé de détourner le courroux du roi que tu irritais, et je voulais que tu restes parmi nous. » Jason lui affirme qu'elle ne doit s'en prendre qu'à elle-même si elle est exilée, c'est seulement à cause de sa folie qu'elle n'a pas su faire taire. Médée l'injurie en lui reprochant d'être venu ainsi regarder celle qu'il fait souffrir en prétendant venir l'aider. Elle lui reproche son infidélité, lui rappelle tous les sacrifices qu'elle a commis pour lui. Elle lui montre qu'elle n'a plus d'endroit vers lequel se tourner, parce qu'elle a tout perdu par amour pour lui : « Telle est la situation : ceux qui chez moi me chérissaient, je leur suis devenue odieuse, et ceux que je n'avais pas besoin d'outrager, pour te plaire, je m'en suis fait des ennemis. » Jason reprend la parole et refuse de reconnaître les sacrifices de Médée, il ne veut pas dire que c'est bien elle qui l'a sauvé lors de son voyage pour obtenir la Toison d'or. Il estime avoir payé sa dette envers elle en l'emmenant en terre grecque, en lui apprenant ce qu'était le monde civilisé par opposition au monde barbare d'où elle venait. Il cherche ensuite à lui prouver que le mariage qu'il vient de faire avec la princesse de Corinthe est bon pour Médée et ses enfants.

Le chœur prend le parti de Médée, qui réfute les arguments de Jason. Jason lui propose de l'argent pour qu'elle puisse subvenir à ses besoins et à ceux de ses enfants, mais Médée refuse toute aide de sa part. Entrée d'Égée, roi d'Athènes.

Troisième épisode

Égée est venu en Corinthe pour savoir comment avoir des enfants, parce qu'il n'en a toujours pas, mais les paroles de l'oracle de Phoïbos ne l'ont pas éclairé. Il les répète à Médée puis lui demande ce qui la rend si triste. Médée lui expose alors sa situation, comment Jason l'a abandonnée pour épouser la princesse de Corinthe. Égée prend le parti de Médée, qui lui demande alors de bien vouloir l'accueillir à Athènes puisqu'elle doit s'exiler. Elle lui promet en échange de mettre fin à sa stérilité, de lui faire avoir des enfants. Égée jure alors de lui accorder asile et protection.

Le chœur estime qu'Égée est un homme généreux, et lui souhaite bonne chance pour la suite de son voyage.

Médée, rassurée sur son avenir, expose alors son plan de vengeance. Elle veut faire croire à Jason qu'elle lui pardonne son nouveau mariage pour le supplier ensuite de laisser ses enfants rester en Corinthe. C'est par ses fils que Médée compte atteindre la fille de Créon, ce sont eux qu'elle chargera de lui apporter les présents empoisonnés. Elle se met ensuite à pleurer sur ce qui lui restera alors à accomplir : tuer ses enfants. « Eh quoi ! que leur sert de vivre ? Je n'ai plus ni patrie, ni maison, ni refuge contre le malheur. » Elle veut se venger de Jason en le faisant souffrir par la mort de ses deux fils. Le chœur essaie de la dissuader de commettre de tels crimes, en lui affirmant qu'il est impossible qu'elle trouve assez de courage pour tuer elle-même ses enfants. Entrée de Jason.

Quatrième épisode

Médée demande à Jason de lui pardonner les dernières paroles qu'elle a prononcées contre lui. Elle reprend les arguments qu'il avait avancés en faisant semblant d'y croire : « À présent donc, je t'approuve ; je te trouve sage d'avoir contracté pour nous cette alliance, tandis que moi, j'étais une insensée. » Jason tombe dans son piège et la loue pour ses nouvelles résolutions. Médée pleure alors en songeant à ses enfants, auxquels Jason promet de donner une bonne position quand ils seront plus âgés. Médée demande à Jason de convaincre Créon de ne pas bannir leurs enfants, Jason promet qu'il essaiera. Médée fait alors venir ses enfants avec des cadeaux magnifiques pour la jeune mariée. Le chœur déplore alors le fait que les enfants vont mourir : « Maintenant je n'ai plus d'espoir de voir les enfants survivre : ils sont déjà en marche vers la mort. » Le chœur assure que la princesse va accepter les cadeaux de Médée, s'en revêtir et en mourir. Les enfants reviennent en compagnie du gouverneur.

Cinquième épisode

Le gouverneur apprend à Médée que la princesse a accepté de lever l'exil des enfants, et qu'elle a reçu avec plaisir ses présents. À cette nouvelle, Médée commence une longue tirade où elle expose la souffrance que lui cause sa décision de tuer ses enfants. Elle hésite, se trouve prête à abandonner ses projets : « À quoi bon, pour affliger leur père au prix de leur malheur, redoubler mes propres malheurs ? Non, non ! Adieux mes projets ! » Mais aussitôt elle se ressaisit et revient à son projet initial de vengeance : « Je ne laisserai pas ma main faiblir. » Une seconde fois, elle hésite puis se ravise. Enfin, elle veut dire une dernière fois adieu à ses enfants. Elle les embrasse avant de les renvoyer : « Je sais quels crimes je m'apprête à commettre : mais la passion l'emporte sur ma raison, et c'est elle qui cause les plus grands maux chez les mortels ! »

Le chœur mène alors une réflexion sur ce qu'apporte comme soulagement le fait de ne pas avoir d'enfants : « On ne sait si les enfants sont pour les humains une joie ou une malédiction : aussi ceux qui n'en ont pas doivent-il à cette absence d'ignorer de nombreuses peines. »

Un messager de Jason arrive en courant et il annonce la mort de Créon et de sa fille. Il conseille à Médée de fuir aussitôt. Le messager fait le récit de la mort de la princesse et de Créon. C'est en serrant sa fille dans ses bras que Créon a été contaminé par le poison qui brûlait sa fille, et, à son tour, il s'est consumé. Médée annonce alors au chœur qu'elle est décidée à tuer ses enfants : « Amies, je suis résolue : sans délai je vais tuer mes enfants et quitter ce pays, car je ne veux pas, en prenant du retard, laisser mes fils périr sous les coups d'une main plus hostile. » Elle se lamente ensuite sur son sort malheureux.

Exodos

Le chœur implore le soleil d'empêcher Médée de commettre ce crime, mais on entend aussitôt les cris des enfants. Le chœur compare Médée à Ino, qui a elle aussi tué ses enfants, prise de folie.

Jason entre sur scène et cherche Médée pour la punir des crimes qu'elle a commis contre le roi et la princesse. Il vient aussi pour sauver ses enfants, parce qu'il craint que la famille royale ne cherche à se venger sur eux de la mort de Créon. Le chœur lui apprend alors que ses fils sont morts, tués par leur mère.

Au moment où il s'apprête à entrer pour voir leurs cadavres, Médée s'enfuit sur un char tiré par des dragons ailés. Jason reproche amèrement à Médée son acte, il lui dit qu'il regrette de l'avoir épousée elle plutôt qu'une femme grecque et il la maudit. Médée refuse de lui laisser les deux petits cadavres, elle veut les ensevelir elle-même et reproche à Jason de n'avoir jamais autant aimé ses fils avant leur mort.

LES RAISONS
DU SUCCÈS

Cette pièce a été jouée en 431 av. J.-C., ce qui correspond au milieu de la carrière d'Euripide. Elle a été jouée lors d'un concours de théâtre pour lequel Euripide a obtenu la dernière place, ce qui laisse à penser que la pièce n'a pas eu un grand succès au moment de sa première représentation. En réalité, la pièce est sûrement mieux considérée de nos jours qu'à l'époque de sa création. Aristote prenait d'ailleurs comme exemple – à ne pas suivre – d'un dénouement invraisemblable celui de cette pièce où l'on voit Médée s'envoler sur un char tiré par des dragons ailés. La pièce ne remporte donc pas un franc succès auprès du public ni auprès des « critiques » de l'époque, si l'on peut employer ce terme anachronique.

Si le manque de classicisme dans la facture de la pièce n'a pas plu aux Athéniens du Ve siècle av. J.-C., on la considère aujourd'hui comme une grande pièce qui a mérité ses lettres de noblesse grâce à la figure magistrale de son héroïne : « Cette tragédie, l'un des plus grands chefs-d'œuvre d'Euripide, doit son unité à l'impérieuse figure de l'héroïne. En dehors de Médée, peu de digressions, et les sentiments qui l'animent sont rendus de la façon la plus directe. La Médée d'Euripide, tout à la fois violente et tendre, humaine et monstrueuse, déchirée et dominatrice, reflète avec éclat la prédilection du poète pour ces âmes douloureuses, en quête du bonheur et toujours vaincues lorsqu'elles s'abandonnent à leur démon. » (*Le Nouveau dictionnaire des œuvres*, Laffont)

LES THÈMES
PRINCIPAUX

Les moments les plus importants de la pièce sont les épisodes du régicide et de l'infanticide. Ces moments sont annoncés dès le début par les paroles de la nourrice : « Dès l'ouverture, la nourrice exprime ses terribles craintes ; elle connaît, dit-elle, sa maîtresse, et sait bien de quoi celle-ci est capable : se tuer ou plutôt tuer la princesse et son époux. Elle souligne aussi que Médée ne veut plus voir ses enfants et semble les détester : ainsi l'issue est-elle annoncée, fatale au sens étymologique du mot – dite, par le destin et par les premiers mots de la tragédie. » (Pierre Miscevic dans la préface de *Médée* (Euripide – Sénèque), Rivages poche)

C'est dans l'hésitation de Médée comme mère que peut naître le sentiment de pitié qui doit s'ajouter à la frayeur chez le spectateur. En effet, Médée veut tuer ses enfants, elle les hait parce qu'ils sont enfants de Jason, mais elle les aime aussi parce qu'ils sont d'elle. Son désespoir et son hésitation éclatent dans la tirade du cinquième épisode : tantôt elle est prête à sacrifier ses enfants, tantôt elle renonce à sa vengeance. Lorsque sa décision est définitivement prise, plus personne ne peut l'empêcher de la réaliser, pas même les prières du chœur adressées aux dieux. L'*exodos* présente alors le moment le plus pathétique de la pièce, celui où le spectateur entend les cris des enfants qui cherchent à échapper à leur mère à l'intérieur de la maison où ils sont entrés. À ces cris suscitant la pitié s'ajoutent les lamentations du chœur qui déplore cet ultime acte de cruauté de Médée tout en déplorant aussi la souffrance que celle-ci doit endurer. Médée est déchirée entre son désir de vengeance et sa douleur de mère, que l'on retrouve à la fin de la pièce lorsqu'elle veut elle-même ensevelir ses enfants.

Le moment du régicide est également un passage très pathétique même si, pas plus que le meurtre des enfants d'ailleurs, il n'a lieu sur scène. Le spectateur ne comprend ce qu'il s'est réellement passé que grâce au récit du messager qui a lieu lors du cinquième épisode : ce passage assez long décrit de manière très vive les souffrances de la princesse et de son père.

Un autre thème important, mais plus large, est celui du danger que représente l'étranger au sein du monde grec. Médée est cette étrangère venue de Colchide avec déjà à son actif des crimes dont elle est responsable et qui ne peuvent qu'apparaître comme horribles, dignes de la barbare qu'elle est. Elle est d'autant plus effrayante qu'à son passé de criminelle elle ajoute un présent de magicienne.

Enfin, un troisième thème important se dessine, qui est celui de la place de la femme dans le monde antique. À plusieurs reprises, Médée, Jason ou le chœur des femmes de Corinthe expriment par des phrases sentencieuses ce qui semble être le point de vue de l'époque sur les femmes. Médée déplore l'organisation inégale du mariage qui donne tout pouvoir à l'homme sur son épouse dans la première tirade du premier épisode, Jason laisse à penser dans le deuxième épisode qu'il serait plus simple pour les hommes de pouvoir avoir des enfants sans l'aide des femmes : « Ah ! il aurait fallu que les hommes puissent faire des enfants par un autre moyen, sans qu'existât la race féminine : ainsi les hommes ne connaîtraient plus le malheur. » Finalement, Médée devient le personnage emblématique de la femme-sorcière, étrangère et effrayante parce qu'elle peut user d'une science mortelle. Cette science n'est cependant mortelle que pour ses ennemis, puisqu'on voit qu'elle la met au service de ses amis quand elle promet à Égée de lui faire avoir des enfants.

ÉTUDE DU MOUVEMENT LITTÉRAIRE

Le théâtre grec antique n'est pas organisé comme le théâtre que nous connaissons actuellement. Il n'est pas découpé en actes et en scènes mais en épisodes, ponctués par des passages chantés qui sont ceux du chœur. Les acteurs se tiennent sur la *skene* (la scène), et le chœur est au centre du théâtre, tandis que le public se trouve dans les gradins tout autour. Il existe donc une tripartition dans le théâtre grec : scène-chœur-public, tandis que le théâtre moderne ne connaît plus qu'une bipartition entre scène et public. On retrouve cependant cette tripartition du théâtre antique à l'opéra, où l'orchestre se trouve bien dans une fosse entre la scène (donc les acteurs), et le public.

La pièce d'Euripide est la plus ancienne que nous ayons conservée au sujet du personnage de Médée, même s'il existe un récit chez Pindare de l'épisode où Médée aide Jason à s'emparer de la Toison d'or. Avant Euripide, on n'a pas de trace du meurtre des enfants par Médée.

Chez Euripide, « plusieurs tragédies se situent dans la ligne d'Eschyle et surtout de Sophocle : on y retrouve une intrigue simple, bien nouée, […] le poids écrasant de la fatalité et des dieux, une interrogation angoissée sur le destin des hommes et des cités ». (*Patrimoine littéraire européen II*, article « Euripide », De Boeck université)

Euripide est parmi les trois tragiques grecs le dramaturge qui était le plus contesté à son époque, parce que son théâtre n'était pas assez « classique » pour les Athéniens du Ve siècle av. J.-C. Les partisans du théâtre classique lui reprochaient d'avoir peint des hommes tels qu'ils sont dans la réalité, au lieu de les représenter tels qu'ils devraient être dans l'idéal. Pourtant, le présent donne tort à ces critiques, puisque les personnages d'Euripide continuent d'intéresser et ses pièces sont toujours mises en scène et jouées par les théâtres contemporains.

Euripide utilise tous les personnages possibles, ce qui donne naissance à une galerie de portraits variés qui ne lassent jamais le spectateur : « Enfin, tous les types humains défilent sur la scène d'Euripide. Les vierges innocentes et héroïques, les jeunes gens purs et intransigeants, les femmes passionnées devenues criminelles, les chefs médiocres et pusillanimes, ou retors et sans scrupules, les vieillards séniles ou sordidement égoïstes, le petit peuple honnête et plein de bon sens sont peints avec une lucidité sans compromission. » (Patrimoine littéraire européen II, article « Euripide », De Boeck université)

La tragédie d'Euripide est la première à reprendre le mythe de Médée, mais elle a inspiré ensuite de nombreux auteurs, dont Sénèque, qui montre le meurtre des enfants sur scène, et Corneille, dont la *Médée* en cinq actes est représentée à Paris en 1635. Dans les deux cas, l'essentiel de l'intrigue est semblable : Médée abandonnée veut se venger de Jason en tuant sa nouvelle femme, en l'atteignant dans son rôle de mari mais aussi dans son rôle de père puisqu'elle tue ses enfants. Cependant, Sénèque comme Corneille ont su réinterpréter le mythe de Médée tel qu'il est présenté par Euripide, tout en reconnaissant leurs emprunts au dramaturge qui est bien la première source d'inspiration pour eux.

DANS LA MÊME COLLECTION
(par ordre alphabétique)

- **Anonyme**, *La Farce de Maître Pathelin*
- **Anouilh**, *Antigone*
- **Aragon**, *Aurélien*
- **Aragon**, *Le Paysan de Paris*
- **Austen**, *Raison et Sentiments*
- **Balzac**, *Illusions perdues*
- **Balzac**, *La Femme de trente ans*
- **Balzac**, *Le Colonel Chabert*
- **Balzac**, *Le Lys dans la vallée*
- **Balzac**, *Le Père Goriot*
- **Barbey d'Aurevilly**, *L'Ensorcelée*
- **Barbey d'Aurevilly**, *Les Diaboliques*
- **Bataille**, *Ma mère*
- **Baudelaire**, *Les Fleurs du Mal*
- **Baudelaire**, *Petits poèmes en prose*
- **Beaumarchais**, *Le Barbier de Séville*
- **Beaumarchais**, *Le Mariage de Figaro*
- **Beauvoir**, *Mémoires d'une jeune fille rangée*
- **Beckett**, *En attendant Godot*
- **Beckett**, *Fin de partie*
- **Brecht**, *La Noce*
- **Brecht**, *La Résistible ascension d'Arturo Ui*
- **Brecht**, *Mère Courage et ses enfants*
- **Breton**, *Nadja*
- **Brontë**, *Jane Eyre*
- **Camus**, *L'Étranger*
- **Carroll**, *Alice au pays des merveilles*
- **Céline**, *Mort à crédit*

- **Céline**, *Voyage au bout de la nuit*
- **Chateaubriand**, *Atala*
- **Chateaubriand**, *René*
- **Chrétien de Troyes**, *Perceval*
- **Cocteau**, *La Machine infernale*
- **Cocteau**, *Les Enfants terribles*
- **Colette**, *Le Blé en herbe*
- **Corneille**, *Le Cid*
- **Crébillon fils**, *Les Égarements du cœur et de l'esprit*
- **Defoe**, *Robinson Crusoé*
- **Dickens**, *Oliver Twist*
- **Du Bellay**, *Les Regrets*
- **Dumas**, *Henri III et sa cour*
- **Duras**, *L'Amant*
- **Duras**, *La Pluie d'été*
- **Duras**, *Un barrage contre le Pacifique*
- **Flaubert**, *Bouvard et Pécuchet*
- **Flaubert**, *L'Éducation sentimentale*
- **Flaubert**, *Madame Bovary*
- **Flaubert**, *Salammbô*
- **Gary**, *La Vie devant soi*
- **Giraudoux**, *Électre*
- **Giraudoux**, *La Guerre de Troie n'aura pas lieu*
- **Gogol**, *Le Mariage*
- **Homère**, *L'Odyssée*
- **Hugo**, *Hernani*
- **Hugo**, *Les Misérables*
- **Hugo**, *Notre-Dame de Paris*
- **Huxley**, *Le Meilleur des mondes*
- **Jaccottet**, *À la lumière d'hiver*
- **James**, *Une vie à Londres*
- **Jarry**, *Ubu roi*
- **Kafka**, *La Métamorphose*

- **Kerouac**, *Sur la route*
- **Kessel**, *Le Lion*
- **La Fayette**, *La Princesse de Clèves*
- **Le Clézio**, *Mondo et autres histoires*
- **Levi**, *Si c'est un homme*
- **London**, *Croc-Blanc*
- **London**, *L'Appel de la forêt*
- **Maupassant**, *Boule de suif*
- **Maupassant**, *Le Horla*
- **Maupassant**, *Une vie*
- **Molière**, *Amphitryon*
- **Molière**, *Dom Juan*
- **Molière**, *L'Avare*
- **Molière**, *Le Malade imaginaire*
- **Molière**, *Le Tartuffe*
- **Molière**, *Les Fourberies de Scapin*
- **Musset**, *Les Caprices de Marianne*
- **Musset**, *Lorenzaccio*
- **Musset**, *On ne badine pas avec l'amour*
- **Perec**, *La Disparition*
- **Perec**, *Les Choses*
- **Perrault**, *Contes*
- **Prévert**, *Paroles*
- **Prévost**, *Manon Lescaut*
- **Proust**, *À l'ombre des jeunes filles en fleurs*
- **Proust**, *Albertine disparue*
- **Proust**, *Du côté de chez Swann*
- **Proust**, *Le Côté de Guermantes*
- **Proust**, *Le Temps retrouvé*
- **Proust**, *Sodome et Gomorrhe*
- **Proust**, *Un amour de Swann*
- **Queneau**, *Exercices de style*
- **Quignard**, *Tous les matins du monde*

- **Rabelais**, *Gargantua*
- **Rabelais**, *Pantagruel*
- **Racine**, *Andromaque*
- **Racine**, *Bérénice*
- **Racine**, *Britannicus*
- **Racine**, *Phèdre*
- **Renard**, *Poil de carotte*
- **Rimbaud**, *Une saison en enfer*
- **Sagan**, *Bonjour tristesse*
- **Saint-Exupéry**, *Le Petit Prince*
- **Sarraute**, *Enfance*
- **Sarraute**, *Tropismes*
- **Sartre**, *Huis clos*
- **Sartre**, *La Nausée*
- **Senghor**, *La Belle histoire de Leuk-le-lièvre*
- **Shakespeare**, *Roméo et Juliette*
- **Steinbeck**, *Les Raisins de la colère*
- **Stendhal**, *La Chartreuse de Parme*
- **Stendhal**, *Le Rouge et le Noir*
- **Verlaine**, *Romances sans paroles*
- **Verne**, *Une ville flottante*
- **Verne**, *Voyage au centre de la Terre*
- **Vian**, *J'irai cracher sur vos tombes*
- **Vian**, *L'Arrache-cœur*
- **Vian**, *L'Écume des jours*
- **Voltaire**, *Candide*
- **Voltaire**, *Micromégas*
- **Zola**, *Au Bonheur des Dames*
- **Zola**, *Germinal*
- **Zola**, *L'Argent*
- **Zola**, *L'Assommoir*
- **Zola**, *La Bête humaine*
- **Zola**, *Nana*

- **Zola**, *Pot-Bouille*